A DEMOCRACIA
PODE SER ASSIM

A DEMOCRACIA
PODE SER ASSIM

COLEÇÃO **LIVROS PARA O AMANHÃ** | VOLUME 1

IDEIA E TEXTO

Equipo Plantel

ILUSTRAÇÕES

Marta Pina

A DEMOCRACIA
PODE SER ASSIM

Este livro faz parte de uma série de quatro títulos dirigida a jovens leitores que foi publicada originalmente entre 1977 e 1978, pela editora La Gaya Ciencia, de Barcelona, na Espanha. Naquela época, fazia menos de três anos que o ditador Francisco Franco havia morrido, e a Espanha vivia um período de transição que traria as primeiras mudanças democráticas. O Brasil ainda seria uma ditadura por mais uns anos.

Já faz quase quatro décadas que os livros originais foram lançados, mas nós, os editores, consideramos que tanto o espírito quanto boa parte do texto continuam completamente atuais. Por isso decidimos reeditá-los, desta vez com novas ilustrações. Dos textos, trocamos uma ou outra vírgula (então não podemos dizer que não mexemos em nenhuma vírgula!), mas não tiramos nem acrescentamos nada em relação ao conteúdo original. Em essência, as ideias e os comentários nos parecem perfeitamente válidos, assim como as questões para reflexão, ao final, que reproduzimos sem alterações e que convidamos os leitores a debater. E, na última página, "Para saber mais", inserimos um breve texto do filósofo Leandro Konder, com dados históricos sobre o tema.

Uma advertência geral, que fazemos quanto aos quatro títulos, é que toda vez que aparecer no texto a palavra "todos" as leitoras e os leitores mais jovens devem entender que ela inclui todas as mulheres e todos os homens. Nos anos 1970, as pessoas achavam que essa distinção não era necessária, mas hoje sabe-se que o correto é usar sempre as duas formas.

A coleção original se chamava Livros para o Amanhã, e assim continuará se chamando nesta nova versão. Se hoje lemos sem estranhar muito o que dizem estes livrinhos é porque, ao que parece, esse tal amanhã ainda não chegou. Tomara que não demore! – **Os Editores**

A democracia é como um recreio
em que todos podem brincar de tudo.

Na democracia, as pessoas podem:
- Pensar o que quiserem.
- Dizer o que quiserem.
- Encontrar e se reunir com quem quiserem.

Pois todos participam
e decidem um pouco.

Como em todos os jogos, no jogo da democracia também
existem regras. E é preciso cumprir algumas leis.

A democracia é feita por todos, para que depois
todos estejam de acordo em quase tudo.

É para isso que se organizam as eleições:
Aqueles que pensam do mesmo modo
ou de um jeito parecido se juntam.
E os que têm outra opinião fazem a mesma coisa.

O mesmo acontece com quem não concorda nem com uns nem com os outros.

Cada grupo forma um partido político.

E os partidos políticos representam o que o país pensa,

quer ou está pedindo.

Embora todos os partidos queiram o melhor,
uns acham que é mais necessário:

- Que todos tenham trabalho.
- Que todos tenham condições de vida mais ou menos iguais.

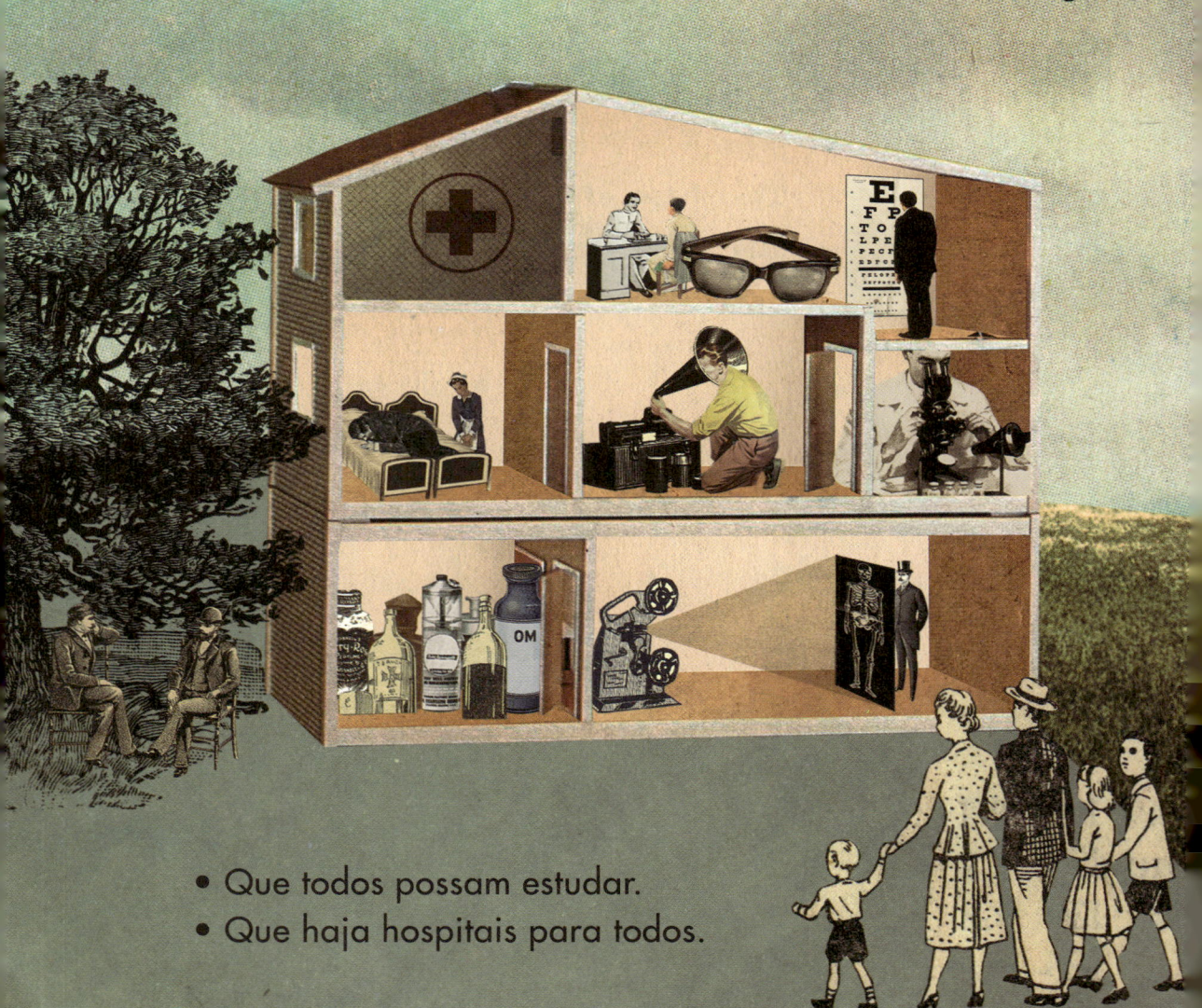

- Que todos possam estudar.
- Que haja hospitais para todos.

Outros, por sua vez, acham que é mais importante:

- Que o país seja mais rico.
- Que a economia cresça mais depressa.
- Que as empresas prosperem e gerem muitos empregos.

E há até quem queira…

- Que os bancos sejam mais poderosos.
- Que só quem puder pagar tenha oportunidade de estudar.

- Que sejam criadas áreas reservadas para a caça e a pesca.
- Que as moradias melhorem para todos.

Em todos os países existem conservadores e progressistas.

E cada um se inscreve ou vota no partido que prefere, com o qual está mais de acordo.

Com seus programas, os partidos se apresentam a toda a população para ver quem serão os escolhidos para governar.
E são feitas as eleições.

Todos têm de participar. Todos têm de votar.
(Isto é, em alguns países, todos os maiores de 16 anos;
em outros, todos os maiores de 18 ou de 21 anos.)

Pois o voto é um direito, mas é também um dever.

E, como o Governo é eleito pela maioria,
todos têm de aceitar o que o Governo faz enquanto governa.

E enquanto o Governo governa...
as pessoas vão percebendo os acertos e os erros.

E se aqueles que governam são honrados ou não,
se são democratas de verdade...
ou se só fazem de conta que são.

Porque, para ser democrata,
é preciso ser tolerante, igualitário, justo.
É preciso saber ganhar e saber perder.

E assim, ao final de quatro anos, as pessoas podem, se quiserem, eleger outro partido que acharem melhor.

Por isso é muito importante que todos estejam sempre bem informados.

E que todos vigiem tudo,
para que não seja um só que vigie todos.
Pois é muito fácil enganar as pessoas
com palavras bonitas, com dinheiro
e com promessas que nunca serão cumpridas.

Todos estão no Governo.
Uns com mais representantes,
outros com menos.
Porque uns ganharam
mais votos que outros.

A democracia é como um jogo do qual todos participam.
E todos jogam pela liberdade.

A DEMOCRACIA ONTEM E HOJE

Gostaríamos de reservar esta página para comentar o que mudou desde que este livro foi publicado pela primeira vez, na Espanha, há quase quarenta anos. As crianças que leram este livro em 1977 deviam ter entre oito e dez anos na época, mas hoje são adultos, que certamente já votaram em muitas eleições. Aqui no Brasil, ainda vivíamos numa ditadura, e só em 1989 a população recuperou o direito de votar. Pergunte a seus pais ou avós se eles se lembram disso!

Apesar do tempo, o que lemos aqui não é muito diferente da realidade de hoje. É claro que algumas coisas estão contadas de um jeito bem simples, mas o mais importante não é a explicação sobre o funcionamento dos partidos, das eleições ou do parlamento, e sim a ideia de que a democracia significa participação e exige o esforço de todos os cidadãos.

Como vemos no livro, a democracia pode ser comparada a um jogo. Só que não é um jogo no qual uns ganham e outros perdem, é um jogo em que todos ganham. Ganham o quê? Ganham algo a que muitas vezes não damos valor, mas de que sentimos muita falta quando perdemos: a liberdade de escolher como deve ser o mundo em que queremos viver e o que podemos fazer para compartilhá-lo de forma pacífica e amigável com todos os nossos vizinhos.

A democracia não é uma coisa da qual só os políticos devem se ocupar, nem é algo que se conquista e pronto. Com as decisões que os cidadãos tomam livremente, os países podem aumentar e melhorar cada vez mais o nível e a qualidade de sua democracia. Precisamos aprender a trabalhar juntos, para conseguirmos tomar as melhores decisões e, pouco a pouco, ir acertando.

QUESTÕES PARA REFLETIR E DEBATER

I. *Qual você acha que é a melhor parte da democracia?*
- **A.** A liberdade.
- **B.** As coisas serem decididas por todos.
- **C.** O respeito às ideias diferentes.

2. *Para a democracia existir, o que você acha mais importante?*
- **A.** Haver liberdades.
- **B.** Ser possível votar.
- **C.** Haver partidos políticos.

3. *Numa democracia, quem manda?*
- **A.** Só uma pessoa.
- **B.** Todos.
- **C.** Ninguém.

4. *Do que você menos gosta na democracia?*
- **A.** A minoria ter de se conformar com a decisão da maioria.
- **B.** Esperar as próximas eleições para votar de novo.
- **C.** Todos poderem dizer o que pensam sem ninguém proibir.

5. *Você acredita que um país conseque funcionar bem numa democracia?*

Compartilhe sua opinião com seus amigos, professores e familiares!

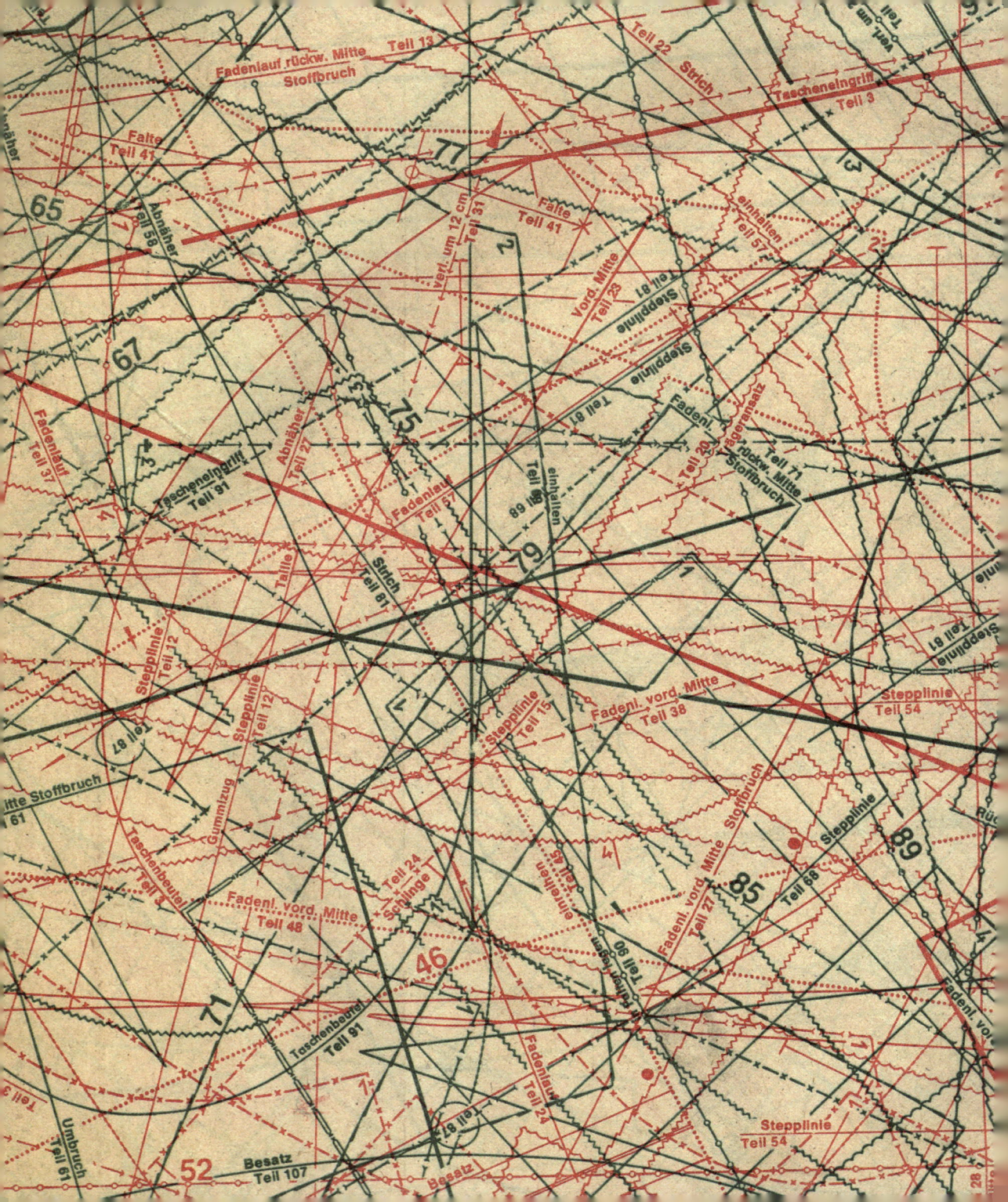

PARA SABER MAIS: ALÉM DAS URNAS

Quando é ano de eleições, não se fala de outra coisa na TV e nos jornais, pois o voto é um dos principais ingredientes da democracia. Mas afinal, o que é democracia? Essa palavra foi inventada pelos antigos gregos e significa "governo do povo".

Antigamente, existiam duas maneiras de governar: ou a sociedade era comandada pelo rei (monarquia), ou era dirigida por um pequeno grupo de homens ricos (aristocracia). Mas em algumas cidades da Grécia foi experimentada outra forma de governo, na qual os cidadãos decidiam os rumos da sociedade. Assim nascia a democracia. Os cidadãos elegiam os governantes, e se algum deles fazia algo de muito errado podia perder o cargo. O problema é que pouca gente era considerada um cidadão. As mulheres, por exemplo, não podiam nem votar nem governar. Além disso, muitos homens eram escravizados e não tinham direitos políticos.

A democracia na Grécia não durou muito. As sociedades mudaram e novas tentativas de governo foram feitas. Nos tempos modernos, surgiu na Europa a ideia de se retomar a democracia grega, mas dessa vez baseada na participação de todos. As pessoas lutaram por mudanças nas leis, derrubando preconceitos e privilégios. Nascia assim o "sufrágio universal", que é o direito que todas as pessoas passaram a ter de votar em seus representantes para o governo.

Ainda há muitas dificuldades para existir uma democracia plena. Não existe uma forma perfeita, nem um livro capaz de ensinar como ela deve ser. Por isso, os cidadãos precisam conversar e experimentar para descobrir como é que as coisas podem funcionar! – **Leandro Konder**

MARTA PINA

Yecla, 1981

Marta percorre os sebos e as feiras das cidades que visita, onde encontra maravilhas: revistas velhas cheias de ilustrações em preto e branco, cartazes com letras bonitas e fotografias de gente desconhecida. (Quem seriam essas pessoas? Vendo seus rostos, ela tenta imaginar como teriam sido suas vidas.) Além de fazer colagens, Marta se apaixona por qualquer coisa que tenha a ver com a prensa, que é uma invenção muita antiga (embora não tanto quanto a democracia) e que até hoje continua a se desenvolver e se aperfeiçoar (assim como a democracia), graças à colaboração de muitas e muitas pessoas – algumas famosas e outras completamente anônimas. Seu pequeno ateliê editorial, onde ela brinca e faz experiências, recebeu o nome de Indústrias Lentas.

martapinasolamente.blogspot.com.es

um selo da BOITEMPO
Jinkings Editores Associados Ltda.
Rua Pereira Leite, 373
05442-000 São Paulo SP
Tel./fax: (11) 3875-7250 / 3872-6869
editor@boitempoeditorial.com.br
www.boitempoeditorial.com.br

1ª edição: novembro de 2015
1ª reimpressão: agosto de 2016
2ª reimpressão: novembro de 2017

Agradecimentos da Media Vaca: Arnal Ballester, Marta Bernabeu, Fernando Flores, Maria Ángeles Hervás, Marta Pérez, Julián, David e Santiago. E nosso muito obrigado a Rosa Regàs, amiga generosa, sem a qual não teria sido possível recuperar esses livrinhos, que foram originalmente editados por ela na editora La Gaya Ciencia.

Direção editorial
Ivana Jinkings

Edição e tradução
Thaisa Burani

Revisão da tradução
Monica Stahel

Coordenação de produção
Livia Campos

Revisão
Bibiana Leme

Capa
Marta Pina e A. Hidalgo

Diagramação e letramento
Otávio Coelho

Agradecemos a Cristina Konder por nos deixar adaptar o texto escrito por seu marido, o inesquecível Leandro Konder, filósofo, professor e defensor incansável da liberdade, na sessão "Para saber mais".
Agradecemos também a leitura e os comentários de Celina Diaféria, José Carlos Monteiro da Silva e Renata Dias Mundt.

CIP-BRASIL. CATALOGAÇÃO NA PUBLICAÇÃO
SINDICATO NACIONAL DOS EDITORES DE LIVROS, RJ

D45

A democracia pode ser assim / Equipo Plantel ; ilustração Marta Pina ; [tradução Thaisa Burani]. - 1. ed. - São Paulo : Boitatá, 2015.
    52p. : il.   (Livros para o amanhã ; 1)
    Tradução de: Cómo puede ser la democracia
    ISBN 978-85-7559-465-0

    1. Democracia - História. 2. Ciências políticas. I. Equipo Plantel. II. Pina, Martha. III. Burani, Thaisa. IV. Série.

15-27959   CDD: 321.8
                                CDU: 321.7

Publicado em novembro de 2015, mês em que as mulheres brasileiras comemoraram os 85 anos da conquista do direito de votar, este livro foi composto em Futura 14/20 e reimpresso em papel Chambril Book 150 g/m², pela gráfica Rettec, para a Boitempo, em novembro de 2017, com tiragem de 3 mil exemplares.